Los viajes de San Pablo

© 1992 Publications International, Ltd.

Todos derechos reservados. Este libro no se puede reproducir o copiar, completo o en partes por cualquier medio impreso o electrónico, o para su presentación en radio, televisión o vídeo sin autorización escrita de:

Louis Weber, C.E.O.
Publications International, Ltd.
7373 North Cicero Avenue
Lincolnwood, Illinois 60646
U.S.A.

La autorización nunca se concede para propósitos comerciales.

Impreso en México

8 7 6 5 4 3 2 1

ISBN 1-56173-936-7

Escritor: Jaime Serrano

Ilustraciones: Gary Torrisi

Cubierta: Stephen Marchesi

Los once discípulos siguieron la misión de Jesús después de que se fue al cielo. Ahora ellos se conocían como los apóstoles de Jesús. Los apóstoles predicaban de Jesús y mucha gente empezó a creer en Él. Una vez, más de tres mil personas se hicieron creyentes de Jesús en un solo día. Los que siguieron a Jesús eran llamados creyentes.

Los creyentes pasaban mucho tiempo juntos. Estudiaban las enseñanzas de los apóstoles y partían pan juntos en sus casas como hizo Jesús con los apóstoles en la última cena.

Los creyentes oraban y alababan a Dios con alegría en sus corazones. El grupo de creyentes formó la iglesia de Jesús.

En Jerusalén había mucha gente que desconfiaba de los creyentes. Estas personas no querían a los creyentes porque no creían que Jesús fuera el Hijo de Dios.

Uno de los hombres principales que odiaban a los creyentes era Saulo. Saulo era un líder religioso.

Saulo no creía en Jesús y tampoco quería que los apóstoles o los creyentes predicaran de Él. Saulo iba casa por casa buscando a los creyentes de Jesús. Cuando los encontraba, los arrastraba de sus casas y los echaba en la cárcel.

Un día, Saulo oyó que había creyentes en Damasco predicando de Jesús. Inmediatamente él fue al sumo sacerdote, el encargado de los líderes religiosos, ¡y le pidió permiso para buscar a los creyentes en Damasco para traerlos presos a Jerusalén!

Entonces Saulo salió para Damasco con sus ayudantes. Y casi llegando a la ciudad ocurrió algo inolvidable. ¡De repente le rodeó una luz brillante del cielo! Esta luz era tan fuerte que Saulo se tapó los ojos y cayó en el suelo. Y Saulo pensó:

—¿Qué es esto que me está ocurriendo?

Entonces vino una gran voz del cielo diciendo:

—Saulo, Saulo, ¿por qué me estás haciendo daño?

Y Saulo le respondió:

—¿Quién es él que me habla?

Y la voz dijo:

—¡Yo soy Jesús! ¡Y cuando les haces daño a mis creyentes, yo lo siento también!

Pablo estaba sorprendido que Jesús mismo le hablara. Y tuvo tanto miedo que empezó a temblar. Luego Jesús le dijo:

—Vete a Damasco y allí se te dirá qué hacer.

Entonces se desapareció la luz de Jesús.

En fin, Saulo se paró y abrió los ojos. ¡Encontró que no podía ver nada, que se había quedado ciego!

Sus ayudantes tomaron a Saulo por la mano y lo llevaron a la ciudad de Damasco. Allí Saulo pasó mucho tiempo pensando en las palabras de Jesús y sus creyentes, a quien Saulo había tratado tan injustamente. No quiso comer y pasó el tiempo orando a Dios. Mientras Saulo oraba, Jesús le mandó una visión, dejándole saber que Él le iba a sanar por medio de un creyente llamado Ananías.

Después de tres días, Jesús le habló a Ananías en una visión diciendo:

—Ananías, vete a la casa de un hombre llamado Judas y allí encontrarás a Saulo. Yo lo voy a sanar por medio de ti.

Entonces se fue Ananías y encontró a Saulo tal como oyó en la visión. Le dijo Ananías:

—¡Saulo, Jesús quien te habló en el camino te sanará hoy y te llenará de su Espíritu!

Inmediatamente, a Saulo se le cayeron de los ojos algo que parecía escamas. ¡Y pudo ver otra vez! Entonces Saulo creyó que Jesús era el verdadero Hijo de Dios. A Saulo lo bautizaron en agua y se convirtió en creyente.

Saulo, que también se llamaba Pablo, pasó mucho tiempo con los creyentes en Damasco, y empezó a predicar de Jesús.

Cuando las personas que no creían en Jesús oyeron a Pablo, se enojaron. Hicieron planes para hacerle daño a Pablo cuando pasara por la puerta de la ciudad, y mandaron guardias que velaran allí por él. Cuando Pablo se enteró de estos planes les pidió ayuda a otros creyentes. Hicieron un plan para ayudar a Pablo para que escapara de la ciudad.

En ese tiempo la ciudad de Damasco era rodeada por un muro. Cuando llegó la noche los creyentes pusieron a Pablo en una canasta grande. Fueron al muro y bajaron a Pablo al otro lado del muro, fuera de la ciudad. Así Pablo pudo escaparse de los que querían hacerle daño.

Pablo se fue de Damasco a Jerusalén. Quería conocer a los creyentes y los apóstoles allí. Pero los creyentes todavía no le tenían confianza a Pablo. Creían que Pablo estaba tratando de engañarlos.

Uno de los creyentes que se llamaba Bernabé confiaba en Pablo y quería ayudarlo. Bernabé tomó a Pablo y lo llevó a conocer a los apóstoles. Y él les contó lo que le había pasado a Pablo en el camino a Damasco y cómo Pablo había predicado sin temor en Damasco.

Después de oír esto, los apóstoles entendieron que Pablo sí era un creyente verdadero. Pablo luego empezó a predicar junto con los apóstoles en Jerusalén. ¡Pero otra vez los que no querían a Jesús lo buscaban para hacerle daño!

Pablo fue uno de los primeros misioneros. Viajaba a muchas ciudades donde nadie había oído de Jesús. Bernabé acompañaba a Pablo en estos viajes.

En uno de estos viajes Pablo y Bernabé llegaron a una ciudad llamada Pafos, donde vivía un hombre que se llamaba Elimas. Este hombre se creía un mago, pero decía mentiras y engañaba al pueblo.

Cuando el gobernador de Pafos oyó que Pablo y Bernabé estaban predicando en su ciudad, los mandó a buscar. Elimas se opuso a lo que predicaba Pablo. No quería que el gobernador creyera en Jesús. Pablo le dijo al mago:

—¡Eres un mentiroso y Jesús te hará ciego por un rato!

E inmediatamente cayó Elimas ciego al suelo.

Después de irse de Pafos, Pablo y Bernabé fueron a muchas otras ciudades. En cada una, predicaron de Jesús y curaron a enfermos. En la ciudad de Listra, curaron a un hombre cojo que nunca había andado de su vida. Viendo estos milagros, y escuchando las palabras de Pablo, muchas personas llegaron a creer en Jesús.